아름다운
세상을
꿈꾸는
당신에게

살다가 문득 그리운 날에

사진이 있는
유수영 시선집

토끼장이

살다가 문득 그리운 날에

유수영 시선집

시인의 말

아름다운 세상을 꿈꾸는 당신에게

하나님께서 창조하신 에덴동산에서 아담과 하와는
하나님과 동행하며 창조의 얘기를 듣습니다.
그분의 지혜가 가득한 에덴은
어떤 빛깔의 얼굴을 담고 있었을까?
꽃의 언어는 어떤 언어였을까?

자연과 교감을 할 때
아름다운 사진을 얻을 수 있음에
작품 사진을 찍기보다는
아름답고 행복이 묻어나는 풍경에 셔터를 누릅니다.

마음은 애써 소유하려 하지 않아도 소리 없이 찾아오듯
자연의 울림에 귀 기울이며
자연이 들려주는 소리를 해석합니다.
사랑해야 할 이유
바람이 흐르고 꽃이 피는 이유
사랑하는 사람이 떠난 자리에 내가 살아야 하는 이유
아직까지 답을 찾지 못했지만
남은 시간 동안 있는 힘을 다해 사랑하며
누군가에게 위로가 되는 삶이 될 때
세상은 눈부신 아름다움을 안겨줄 거라 생각합니다.

사진은 작가의 마음을 비추는 거울이듯
멈춤이 아니라 흐름이기에
자연이 들려주는 얘기들을 풀어놓습니다.

쉼이라는 단어를 좋아합니다.
좋아하는 것에 마음을 흐르게 하는 것이 쉼이 아닐까요?
한 편의 시가 지친 당신에게 쉼이 될 수 있기를
한 장의 사진으로 흐린 마음이 맑음이 될 수 있기를 바라는
마음을 담아 이 책을 건넵니다.

늘 곁에서 함께해 준 아내 강설희와
사랑하는 딸 선민, 선우에게
함께하는교회 성도 한 사람 한 사람에게
추천의 글을 써주신 이무영 감독, CCM가수 강찬
그리고 색소포니스트 박광식 님과
출판을 위해 마음을 담아 수고해주신
토기장이 조애신 대표에게 감사의 마음을 전합니다.

추천의 글

아름다운 목사의 아름다운 사진, 그리고 아름다운 글!
그 속에 담긴 아름다운 하나님의 세상과 우매한 우리를 일깨우는 아름다운 지혜, 그리고 아름다운 목자의 마음!
이무영 (영화감독/시나리오 작가/동서대 영화과 교수)

제가 만난 유수영 목사님의 첫 느낌은 따뜻함이 느껴지는 꽃이었습니다. 그래서인지 '꽃이 되고 싶다' 시가 눈에 들어왔습니다. 그저 좋은 글이 아니라 정직한 시선으로 삶을 담은 시선집의 모든 사진과 글이 목사님의 진실한 마음을 느낄 수 있어서 너무 좋습니다. 따뜻함을 잃은 세상의 누군가에게 꼭 읽히기를….
강찬 (CCM가수 및 예배인도자)

시를 통해 저자를 봅니다. 목자의 마음, 아비의 마음, 사랑하는 이의 마음, 위로자의 모습과 신도의 모습…. 마지막 페이지를 닫고 보니 어느덧 내 마음에 꽃이 피어 있네요.
박광식 (색소포니스트)

차례

시인의 말
추천의 글

part 1

**그대 참
행복한
사람입니다**

아껴둘걸 ― 12

그 이름 ― 14

꽃이 되고 싶다 ― 17

첫 사랑 ― 18

그리움 ― 21

길들이기 ― 23

맑은 생각 ― 25

그대 참 행복한 사람입니다 ― 26

아름다운 그대이기에 ― 29

이별이 긴 까닭은 ― 31

꽃을 보듯 너를 보며 ― 32

청소기를 들고 ― 34

유효기간 ― 36

아빠 마음 ― 39

당신은 ― 40

고통의 은혜 ― 42

그런 사람이었으면 ― 44

광야에서 ― 47

part 2

**살다가 문득
그리운 날에**

가시 꽃 _ 50

그날의 기억 _ 52

창세기 _ 54

차 한 잔을 마시며 _ 56

괜찮아 _ 58

울고 싶은 날 _ 61

아픔이 찾아올 때 _ 62

하늘이 잿빛인 날에 _ 64

뒷모습 _ 67

아름다운 열매 _ 68

바다사랑 _ 71

부활의 아침 _ 72

살다가 문득 그리운 날에 _ 76

새로운 시작 _ 78

땅에서도 빛나는 별 _ 81

이젠 저와 함께하소서! _ 82

내 마음 만지시는 분 _ 85

끝이 시작이 되던 날 _ 86

수선화 _ 89

part 3

**당신이 있어
참 다행입니다**

감사 _ 92
어디까지 달려오셨습니까? _ 94
당신이 있어 참 다행입니다 _ 96
물의 지혜 _ 98
다름의 은혜 _ 101
가족사진 _ 104
돌이 아닌 담이 되어 _ 107
그때는 몰랐습니다 _ 108
작은 문 하나 열어놓고 _ 111
만남 _ 113
영혼의 향수 _ 115
나무도 아닌 것이 _ 117
자기만족 _ 121
바람 _ 124
나무 _ 127
이청득심(以聽得心) _ 130
사랑 여기 있으니 _ 134
연극이 끝나면 _ 138
이런 사람 되게 하소서 _ 141

에필로그

part 1

그대 참 행복한 사람입니다

아껴둘걸

꼭 해야 할 말
그래서 했던 말
시린 바람 되어 돌아온다

아껴둘걸
속으로 말을 삼킨다

하고픈 말을 하고 나면
후련할 줄 알았는데
되돌릴 수 없는 후회로
생채기를 한다

아껴둘걸
아끼고 아껴
그 맘 안고
기도로 꽃피울걸

그 이름

너무나 당연해서
늘 곁에 있어줄 거라
생각해서

어떤 모습으로 다가서도
기다려주며
사랑으로 안아줄 것 같아서

그래서
무심했던

그 이름
예수

꽃이 되고 싶다

나도 누군가에게
설렘의 마음을
전할 수 있는
한 송이
꽃이 되고 싶다

어떤 모습으로
찾아와도
거짓 없는 눈빛으로
그대 가슴에 오롯이
피어오를 수 있는
향기 가득한
사람이고 싶다

첫 사랑

너만 보였다

네가 아니면
모든 것이 흐릿하다

내 삶에
단 한 번
네가 보였다

그리움

많이
보고 싶었다

마음만
물처럼 흐른다

기억해 줄까

기억할 수 있어
고마웠다

길들이기

내 것도 아닌 것이
소리도 없이 찾아오면
몸살에 마음이 야윈다

내 것도 아닌데
떠날 수 있게
닫힌 문을 열어놓는다

분노를 다스리기보다는
조금만 머물다
떠날 수 있게

맑은 생각

해마다
피어나는 꽃처럼
나는 늙더라도
너는
그대로의 모습으로
머물러 주었으면

꽃처럼 향기롭게
바람처럼 자유롭게
살아준다면

네가 있는 세상
하나만으로도
벅찰 테니까

그대 참 행복한 사람입니다

살아가면서
향기 가득한 꽃 한 송이
만날 수 있다면

아름다운 노래
가슴에 품고 거닐 수 있다면

함께 걸어줄
한 사람으로 남을 수 있다면

상실한 마음 채워줄
미소 하나 간직할 수 있다면

그대
참 행복한 사람입니다

아름다운 그대이기에

그맘때
마음껏 상상하고
넘치게 감사해도 되는데

그맘때
두 팔 벌려 하늘을 향해
'괜찮아'
젊음을 안은 자신을
사랑해도 되는데

그맘때
한 조각 여유를 불러
닫힌 마음
바람결에 풀어놓고
희망을 노래해도 되는데

나이만으로도 아름다운 그대이기에

이별이 긴 까닭은

웃음은
눈물과 연인인가 봅니다
슬픈 표정 보이지 않으려
웃어보지만
돌아서서 흐르는 눈물은
멈추지 않습니다

만남보다 이별이 애틋한 건
떠나보낸 후에야
소중함으로 남기에
슬프도록 아름다운 것일까요

만남은 짧고
이별이 긴 까닭은
어쩌면
사랑이라는 소중함을
다시 볼 수 있게 하는
선물인지도 모르겠습니다

꽃을 보듯 너를 보며

꽃이 아름다운 건
지기 때문이듯
인생이 아름다운 건
죽음을 준비할 수 있기 때문이다

아름다운 죽음을 준비한다는 것은
남겨진 시간을 꽃같이 살아가는 것이다

사랑하고
용납하고
그리워하며
생명 가득한 삶을 살아내는 것

너와 나를 위해
함께할 누군가를 위해
하루하루 피고
하루하루 지는 것이다

꽃을 보듯 너를 보며

청소기를 들고

커다란 입으로
보이는 모든 것을 담아낸다

끌어들일 수 있는 위대함
천 갈래로 떠도는
생각들을 먹는다

채워야 비울 수 있고
비워야 채울 수 있다

죽어야 산다
살려고 죽는다

유효기간

인생에도
유효기간이 있음에
똑똑 노크하기 전
신선함을 유지해야 하듯

슬픔에도
유효기간이 있음에
머물고 있는 순간까지
맘껏 울어보자

눈물 속을 걷다
슬픔까지도
꽃 되어 흐르게 하자

살아갈 날들 속에
오늘이
가장 젊은 날이기에

아빠 마음

연약해서 아련하고
부족해서 미안한

울어도 예쁘고
웃어주면 행복한

생각대로
자라주지 못해도
곁에 있어주어
늘 고마운

너를 보며 나를 보고
사랑을 키운다

사랑 때문에 오늘을 산다

당신은

당신은
선한 눈빛과 함께
맑은 미소로 다가오는
부드러운 바람 같아 좋습니다

언제든
당신의 이름을 부를 수 있어
지친 마음을 추스르며
살아갈 수 있음이 좋습니다

당신으로 인해
사랑도
한 줌의 슬픔도
간호가 필요하다는 것을
느낄 수 있어 참 좋습니다

고통의 은혜

불현듯
고난이 찾아오면
무릎이 꿇어지고
외마디 기도가
눈물 되어 흐릅니다

'살려주세요'

아프면 기도가 짧아지고
작은 배려에도
눈물이 흐르고
더 사랑해 주지 못했음이
미안함으로 남습니다

아프면 내가 작아 보이고
당신이 커 보이는 까닭입니다

그런 사람이었으면

멀리서 바라보면
맑음도 흐림도 하나이듯
비 오는 날에도
눈부신 세상을 볼 수 있는
혜안을 안고 살아갈 수 있다면

맑음이 외출한 자리에
먹구름이 가슴을 쓸어내려도
생각이 맑은 사람이 되어
하늘처럼 새롭고
바다처럼 정겹고
흐르는 바람처럼 감미로운
그런 사람이었으면

다시 사랑할 수 있게

광야에서

돌아보면
생각대로 되지 않았음이
고마울 때가 있습니다

돌고 돌아가는 길이
곧게 뚫린 길을 가는 것보다
더 정겹다는 것을

굽이굽이 돌아가며
마주친 사람들과
벗이 되어 가는 길도
행복이라는 것을

광야를 지나며 알아갑니다

part 2

살다가 문득 그리운 날에

가시 꽃

사람들도 목말라하는
사막에서
가시로 문 닫아놓고
여린 꽃 피워 올려
얼굴에 신부화장을 한다

화장한 얼굴보다
수수한 얼굴의 아름다움을
아는지 모르는지

가시가 예쁘냐
꽃이 예쁘냐
꽃이 예쁘면 선인장 꽃
가시가 예쁘면
가시 꽃

그날의 기억

지우려 해도
떠나보내려 해도
꽃향기처럼 흐르는
그날의 기억은
가끔씩
희미해진 추억들을
떠올릴 수 있어 좋습니다

싹트지 않은
풀빛 그리움 하나
간직하며 살아갈 수 있음은
무엇과도 바꿀 수 없는
선물이기에
외롭지 않습니다

그대 멀리 있어도

Part 2. 살다가 문득 그리운 날에

창세기

창이 있다는 것은
세상을 볼 수 있다는 거다

창이 있다는 것은
삶을 되돌아볼 수 있다는 거다

창이 있다는 것은
자연을 보려 함은 아니다
창을 통해 끝없이 흐르는 속마음을
흘려보낼 수 있다는 거다

닫힌 창이라도 창이 있다는 것은
닫힌 마음을 열어놓을 수 있다는 거다

창 하나 창 둘 창 셋
창세기

내 마음의 창세기

차 한 잔을 마시며

하늘빛이 좋은 날
그리운 사람과 차 한 잔을 마시고 싶다
딱히 할 말은 없지만
차 한 잔을 앞에 두면
어색한 침묵까지
찻잔에 녹아내릴 것 같은 고요한 날

가을이 가지 끝에 걸려
작은 바람에 떨고 있을 때
차 한 잔을 마시며
흔들리는 계절에 취하고 싶다

만남보다 그리움으로 물든
설렘의 기억들을 꾹꾹 누르며
바다가 훤히 내다보이는 찻집에서
차 한 잔을 마시며
하고 싶었던 말 가슴에 묻어두고
찻잔 속에 그리움을 풀어
속마음을 전하고 싶다

괜찮아

누군가 건네주는
위로의 말 한마디
주저앉은 마음을
다시 일으켜 세울 수 있음에
외로우면 외롭다
아프면 아프다
슬프면 슬프다
힘들면 힘들다
속마음을 내보이는 것이 배려입니다

표현하지 않으면 알 수 없고
가까이 다가가 위로할 수 없기에
'힘들어요'라고
말해 줄 수 있는 것이 사랑입니다

'나 힘들어요'
'괜찮아!'
상한 마음을 어루만져주시는
속삭임입니다

울고 싶은 날

살다 보면 환하게 웃는 날보다
소리 내어 울고 싶은 날들이 많아
무릎을 꿇는다

한바탕 웃고 돌아서는 것보다
소리 내어 울고
빼앗긴 생각들을 담아 마음 마음을 달래다 보면
차라리 울음이 정겹고
볼 위로 흐르는 눈물이 따뜻하다

소리 내어 울고 싶은 날
하늘은 고함을 친다
울어도 들키지 않게
아파도 아프지 않게

울고 싶은 날
허기진 상처를 보듬어주려는 듯 비가 내린다

선물처럼

아픔이 찾아올 때

아픔은
어느 때 찾아와도 친해지지 않습니다
처음 아픔보다 나중 아픔이 더 아파오기에
불현듯 찾아오나 봅니다

아프지 않고 살아갈 수 있다면
나의 아픔을 내려놓고
너의 아픔에 울어줄 수 있는
사람으로 남을 수 있다면
아파도 아프지 않게 살아갈 수 있을 것 같습니다

꽃이 아름다운 건
향기 속에 슬픔을 묻어두고
피었기 때문일까요

불현듯 찾아온 아픔까지도
사랑으로 흘려보낼 수 있다면
아픔은 꽃으로 피어
울컥이는 빈 가슴을 채워줄 텐데

하늘이 잿빛인 날에

하늘이 잿빛인 날엔
멀기만 했던 하늘이
가까이 다가옵니다

커피를 마시려는 것보다
커피 알맹이를 갈아 내릴 때
흐르는 향이 그리워 커피를 내리듯
한 잔의 커피를 마주 놓고
마치 당신이 곁에 있는 것처럼
마음을 열어봅니다
언제고 마음이 답답할 땐 그랬습니다

이렇게 하늘이
키를 낮추며 찾아온 날이면
먼 하늘을 보며
하고픈 얘기 꾹꾹 눌러가며
당신의 이름만 말없이 불렀습니다

뒷모습

꾸밈이 없어 좋다
그래서일까
뒷모습은 진실하고 비밀하다

어떤 표정을 짓고 있는지
어떤 아픔을 안고 살아가는지
돌아가는지
돌아오는지
읽을 수 없는 모습에서 진솔한 삶이 묻어난다

맑은 날에는 빛나는 미소를
흐린 날에는 아릿한 아픔을 넘어
쓸쓸함이 흐른다

애써 포장하지 않아도
해방된 아름다움을 간직한 뒷모습은
살아온 날들을 보여주는 영혼의 노래이기에
기쁨과 슬픔의 날개가 있다

아름다운 열매

처음부터 가시로 자라왔습니다
잎보다 가시가 더 무성해 가시에 찔릴까 봐
사람들 가까이하지 않습니다

자신이 가시인 줄 모르는 사람들
찔림을 당하기보다는
아픔을 주는 가시가 되어
타인의 삶을 지치게 합니다

찔러도 아프고
찔려도 아픈 세상
아프십니까

나에게 가시가 있다면
타인을 찌르는 가시가 아니라
자신을 찔러 단련시키는 가시가 된다면
가시로 인해 기대어 함께할 수 있는
한 가슴으로 남을 수 있을 것입니다

바다사랑

사람만 그리움에
물드는 것은 아닌가 봅니다

속마음을 풀어내는 바다는
자신의 몸을 깨뜨려
타는 그리움을 순백의 꽃으로 피워냅니다

모든 물들을
넉넉하게 받아주는 바다는
이만큼은 멀리 그만큼은 몸짓으로
생명을 키워갑니다

그리우면
언제든 찾아왔다 떠나면 그만이지만
홀로된 외로움에 울고 있는 바다를 위해
아무것도 해줄 수 없어
한참을 떠날 수 없었습니다

부활의 아침

봄은
숨겨두었던 진실의 실타래를 색색이 풀어
사랑하는 이의 옷을
한코 한코 떠가는 사랑의 시작입니다

봄은
마음 깊이 새겨 놓았던
지워지지 않는 첫사랑의 음표를
꽃잎으로 노래하는 또 하나의 세상입니다

봄은
이른 아침에 물안개로 피어올라
바람결에 제 몸을 내어주며
앞서가지 않고 함께 떠나는 이별의 꽃잎입니다

봄은
좋지 않은 기억들을 좋은 추억으로 물들이며
생명을 키워가는 부활의 아침입니다

살다가 문득 그리운 날에

그대 바라볼 수 없음이
내게는 진한 아픔입니다

자욱한 안개에 가려
희미해져가는 그대이기에
안개 거치면 보일까
눈이 시리도록 바라보지만
안개와 함께 사라지는
그대를 그리워함이
내게는 사치인가 봅니다

그래도 괜찮습니다
함께했던 기억 한 자락
따스한 찻잔에 녹여줄 온기가
아직은 남아 있기에
기억속의 화로에
얼었던 마음을 녹여냅니다

살다가 문득 그리운 날에
그대 모습 떠오르면
아파도 아파하지 않는
그리움이라는
촉촉한 언어를 품고 살아가겠습니다

새로운 시작

어쩌면
이별은 끝이 아니라
새로운 시작인지도 모르겠습니다

연초록의 얼굴로
눈을 뜬 나무는
깊어가는 가을의 끝자락에
자신을 물들이다
제 무게 하나 이겨내지 못해
내려앉은 얼굴들이
저마다의 길을 가고 있습니다

어디쯤 가고 있을까요
잘 물들이다
돌아가야 할 곳으로
가고 있는 것일까요

땅에서도 빛나는 별

봄 여름 가을
나무와 하나 되어 꽃을 피웠습니다
나무에 달려있을 땐
자신만 치장하느라
나무에 달린 것만
단풍인 줄 알았습니다

치장했던 모든 것
햇살 한 줌에
떠나야 하는 것을 알았을 때
움켜잡았던 손을 펴는 순간
아름다운 비행이 시작되었습니다

대지 위에
시선이 머물렀을 때
가지에 달려있는 단풍잎보다
더 아름다운
땅에서도 빛나는 별 보았습니다

이젠 저와 함께하소서!

세월의 흐름이 탁해서일까요
몸보다 마음이 앞서는 까닭에
가는 길을 재촉할 때면
지난 날들의 묻어둔 얘기들을 풀어
천박한 언어를 키워갑니다

세상은 변해도
당신을 향한 사랑은
변하지 않기를 다짐해 보지만
흠집투성이인 부끄러움을 안고
긍휼히 여겨달라는 외마디의 외침과 함께
눈물을 삼킬 때
내 눈물 닦아주며
함께 울고 있는 당신을 바라보며
내 삶에도
긍휼의 마음이 가득하기를 기도합니다

이젠 저와 함께하소서

내 마음 만지시는 분

그리도 가지 않으려 했던
이 길이 기쁨의 길이 되었습니다

무릎을 꿇고 큰 소리로 외쳐야만
들으시는 줄 알았습니다

가슴으로 당신의 이름만 불러도
마음을 만지시는
분이라는 것을 알았습니다

당신의 얘기를 듣고 싶을 때
출렁이는 바다를 묵묵히 바라만 봐도
들을 수 있다는 것을 알았습니다

당신은 파도로
흔들리는 꽃잎으로
지친 어깨를 토닥이며
사랑으로 말씀하시는 분임을
이제야 알았습니다

끝이 시작이 되던 날

하늘이 얼굴을 감추던 날
지친 마음을 위로하듯 빛으로 수를 놓습니다

끝이 시작이 되던 날
다시는 물로 심판하지 않겠다던
약속으로 주신 무지개는
탁한 언어를 버리고
생명의 언어로 물들이기를 원하셨던
하나님의 마음이었습니다

어떤 말은 위로와 격려가 되어 다시 살게 하지만
어떤 말은 독이 되어 살아갈 의지마저 상실케 합니다

누군가의 마음을 헤아릴 줄 아는 사람
외로움을 안고 사는 이에게
온기를 나누어줄 수 있는 사람
하늘에 숨겨둔 무지개처럼
결 고운 생명의 언어를 품고 사는
그런 사람이 그립습니다

수선화

겨울을 품고 피어오른
꽃을 들여다보면 아프다
물에 비친 자신의 모습을 보기 위해
매일 호숫가를 찾았던 나르키소스
결국
자신의 아름다움에 매혹되어
호수에 빠져 죽었다

그가 죽은 자리에
꽃은 피어나고
사람들은 수선화라 불렀기 때문일까

꽃에 귀 기울이면
꽃으로 남기 위해
꽃으로 죽기 위해
봄을 남겨두고 떠난
그대의 울음소리가 들려온다

part 3

당신이 있어 참 다행입니다

감사

"Turistas Manden, Peregrinos Agradecen."

스페인 산티아고에서
순례자의 길을 출발하는 사람들에게
들려주는 격언입니다

"여행자는 요구하고, 순례자는 감사한다."

여행자와 순례자를 구분하는 기준은 '감사'입니다
말할 수 있는 것, 볼 수 있는 것, 표현할 수 있는 것

화려함에 취하여 분주한 삶을 살아가는 것보다
평범함 속에서 감사를 피워 올릴 수 있다면
시간도 돈도 마음의 생각과 생명까지
내 것이 아니라는 것을
자각하며 살아갈 수 있다면
살아가는 날들 속에서
감사의 길을 걸을 수 있을 것입니다

어디까지 달려오셨습니까?

인디언들은 말을 타고 달리다
종종 말에서 내려
한참 동안 뒤를 바라본다고 합니다

**'너무 빨리 달려서
혹시 자기 영혼이 따라오지 못했을까 봐'**

어디까지 달려오셨습니까
달려오는 동안
사랑해야 할 것들을 흘려보내며
뒤돌아볼 여유도 없이
앞을 향해 질주하고 있지는 않습니까

잠시
발걸음을 멈추고 뒤를 돌아볼 수 있는
자신만의 시간을 갖는다면
소중한 것들을 가슴으로 안을 수 있지 않을까요

당신이 있어 참 다행입니다

꿈을 덜어
사랑하는 이의 꿈을 키워주며
더 내어주지 못해 미안해했던 당신이
늘 곁에 있었음을 느끼며 살아왔다면

내일을 위해 아파하지 않고
주어진 시간들을
선물처럼 살아왔을 텐데

십자가에 귀를 기울이면
듣고도 못 들은 척 외면했던 말씀들이
생명으로 피어 심장 속으로 걸어옵니다

포기하지 않고 곁을 지켜주셨기에
내일 또 내일에는
당신으로 인해
눈부신 삶을 살아갈 수 있기에
당신이 있어 참 다행입니다

물의 지혜

흐르는 물은 앞을 막아선
거대한 바위와 다투지 않습니다.
힘으로 말하면 바위를 생각하겠지만
부드럽게 흐르는 물결에 깊은 지혜가 묻어납니다

자유롭고 경쾌한 연주와 함께
산이 자신의 길을 막아서면 돌아가고
분지를 만나면 말없이 빈 곳을 채운 후에
나아갈 수 있음은 낮은 곳에 마음을 두었기 때문입니다

자신을 내어주기까지
아픔의 세월을 흘려보내야 했겠지만
물길을 따라나서면
모난 곳 하나 없는 고운 모습의 바위들이
물과 하나 되어 흐르고 있습니다

흐르는 물처럼
낮은 곳에 마음을 두며 살아갈 수 있다면
세상과 하나 되어 살아갈 수 있을 것입니다

다름의 은혜

아이는
부모에게 많은 선물을 안겨다 줍니다
미소와 몸짓 하나만으로도
"아빠", "엄마"라고 부르는
작은 울림 하나만으로도
잃어버리고 살았던 행복이 되살아납니다

한때는 똑같이 예쁘고
똑같이 공부도 잘하고
똑같이 아름다운 성품을 소유하기를 기도했습니다

시간이 지나면서 기도가 바뀌었습니다
두 아이가 똑같지 않아서 감사할 수 있었고
조금은 연약해서
세세한 돌봄이 필요한 아이와
혼자서도 잘하는 아이가 있어
달리기도 하고 넘어지기도 합니다

생각이 깊은 아이와
배려가 있는 아이가 있어
생각하는 것과 배려하는 것을 배울 수 있었고
틀림이 아니라 다름의 소중함을 알아갑니다

생긴 것이 다르듯 성격도 다릅니다
그러나 똑같은 것이 있다면
내가 사랑하고 섬겨야 할
보석 같은 하나님의 사람이라는 것입니다

사랑은
오--래 참는 거야
억울해도
자존심 상해도
그 사람을 품고
기도하며
오--래 참는 거야
그래야
그 사랑이 사랑스러운 거야

가족사진

여린 새순으로 첫 발을 내디뎠는데
수백수천의 얼굴이 되어
아침 비바람에 샤워를 하고
가족사진을 찍기 위해 포즈를 취합니다

벽을 오르고 오른 담쟁이는
생명이 살 수 없는 콘크리트 벽까지도 함께하면
숲을 이룰 수 있음을 알았을까요

이곳에 생명의 뿌리를 내릴 수 없다며
포기할 수도 있었겠지만
함께하면 아름다운 숲을 만들어갈 수 있다고
서로를 격려하며 생명을 키워가고 있었습니다
우리가 살아가는 세상도 똑같은 사람은 하나도 없습니다

작은 바람에도 흔들리며
상처를 안고 살아가는 이들의 마음을
사랑 가득한 마음으로 보듬어줄 수 있다면
이렇듯 아름다운 가족사진으로 남을 수 있지 않을까요

돌이 아닌 담이 되어

똑같은 얼굴은 없었습니다
성격 또한 달랐기에 자신의 땅이라 고집하며 살다
세월의 길목에서 이별을 고하며
뜻하지 않았던 자리에 놓여야만 했습니다
원했던 자리가 아니었기에
하나가 될 수 없는 얼굴들과 하나가 되기 위해
울다 웃는 세월 속에서 함께한다는 것이
힘이 되고 위로가 된다는 것을 온몸으로 안았을 때
돌이 아닌 담이 되어
거친 바람을 막아주며 생명을 키워내고 있었습니다
생명의 씨앗이 뿌리를 내릴 수 있게
얼마나 많은 눈물을 흘리며 돌밭을 옥토로 가꾸었을까요
농부는 늦가을 백배의 추수를 거두며
기적이라 하지 않고 농사라고 했던 것은
백배의 수고를 했기 때문이었겠지요
옥토가 없다는 것을 깨달은 사람만이
옥토를 소유할 수 있음을 알았던
농부들의 지혜와 겸손의 인내를 배울 수 있다면
돌이 아닌 담이 되어 생명을 키워낼 수 있을 것입니다

그때는 몰랐습니다

그때는 몰랐습니다
그곳까지 가는 길이 그리도 많은 떨림이 있었는지
너무도 환한 미소로 다가와
감당할 수 없는 사랑으로 안겨주셨기에
사랑만 받으면 되는 줄 알았습니다

'저들이 알지 못해서'
'저들의 죄를 용서해 달라'
짐승처럼 울부짖었을 때 그 울부짖음 속에서 알았습니다

그 길을 가기 위해
식지 않은 사랑으로 길을 여셨던
깊이를 헤아릴 수 없는 마음을
까만 밤이 되어서야 알아가고 있다는 것을

당신을 만난 사람들의 마음이 강물이 되어
바다로 흐르는 까닭을
십자가 밑에서 울컥거리는 마음 짓누르며
당신을 바라볼 때 알았습니다

작은 문 하나 열어놓고

쉽게 화를 내고 격한 감정을 제어하지 못해
쉽게 타오르는 분노는
마음속에 무덤 하나를 만들어 갑니다
극지에 사는 에스키모들은
분노가 치밀어 오르면 하던 일을 멈추고
분노의 감정이 가라앉을 때까지 무작정 걷다가
충분히 멀리 왔다 싶으면
그 자리에 긴 막대기 하나를 꽂아두고
미움, 원망, 서러움으로 얽히고설킨
누군가에 화상을 입힐지도 모를
뜨거운 감정을 그곳에 남겨두고 돌아온다고 합니다

격한 감정이 자신을 망가트리지 않도록
마음속에 작은 문 하나 열어놓고
겨울은 봄에게 사랑 가득한 자신을 내어주듯
계절이 그렇게 옮겨지듯
내 안에 있는 격한 감정을 풀어놓아
긍휼의 꽃으로 피어날 수 있게 작은 문 하나 열어놓고
하늘 닮은 모습으로 자유를 노래할 수 있었으면

만남

만남은 설렘의 단어일까요
차가움의 단어일까요
자연과의 만남은
언제든 마음만 먹으면 바라볼 수 있고
찾아가 쉼을 취할 수 있기에
마음을 차갑게 몰아가지 않습니다

색색이 고운 꽃처럼
언어에도 색이 있고 저들만의 결이 있기에
하고 싶은 말을 다 쏟아내는 것보다
상대방의 얘기를 경청할 수 있는 배려가 필요합니다

별들이 대지를 침범하지 않듯
비판하는 자리에서 벗어나
나를 되돌아볼 수 있는 시간을 갖는다면
서로가 서로에게 기쁨이 되는 삶을 선물할 수 있습니다

만남은 내가 아닌 누군가를 알아가고
한 사람의 삶이 내게로 오는 것이기에

영혼의 향수

어느 별에서 왔는지
눈처럼 비가 휘몰아칩니다
아무리 몰아쳐도 아플 것 같지 않은 하늘은
구름에 제 얼굴을 묻고
마음껏 울고 있는지도 모릅니다

나무는 하늘이 주는 눈물로 샤워를 하며
하얀 커튼을 입김으로 드리우고
바늘 되어 실이 되어 천상의 옷을 짓고 있습니다

천사가 만들어준 옷은 꿰맨 흔적이 없다는데
나무들이 입은 옷에도 꿰맨 흔적이 없습니다

무엇이든 넉넉히 받아들이기를
하늘을 향해 마음을 두고 살아온
겸손의 눈물이 영혼의 향수가 되어 흐르고 있습니다

봄과 여름 그리고 가을과 겨울
사계절 내내 숲은 행복했을까요

나무도 아닌 것이

대나무에 대한 시조를 쓴
원천석의 「눈 맞아 휘어진 대」를 읽습니다

"눈 맞아 휘어진 대를 뉘라서 굽다던고
굽힐 절개라면 눈속에서 푸를쏘냐
아마도 세한고절(歲寒孤節)은 너뿐인가 하노라"

'차가운 눈 속에서도 푸르름을 잃지 않고
잎에 쌓인 눈의 무게로 휘어진 대나무를
어찌 굽었다 말할 수 있겠느냐'라는
시인의 속마음은
'겉만 보고 판단하는 오류를 삼가라' 일침을 놓습니다

윤선도의 「나무도 아닌 것이」 시조를 읽습니다

"나무도 아닌 것이 풀도 아닌 것이
곧기는 뉘 시키며 속은 어이 비었는고
저러고 사시에 푸르니 그를 좋아하노라"

한 매듭 한 매듭 속에 삶의 빛깔 담았기에
이렇듯 아름다운 시조를 읊었을까요?
함께 푸르른 숲이 되어
사계절의 하늘에 꽃을 피우는 대숲에서
당신의 마음을 읽습니다

배려, 인내, 오래 참음, 용서, 섬김, 나눔…
한 매듭 한 매듭 속에
당신을 향한 사랑을 담아
하늘의 지혜를 빚어낼 수 있다면
사랑이 빛을 잃어버린 탁한 세상에서
푸르름의 빛을 잃지 않은 대나무처럼 살아갈 수 있다면
그는 이미 영원한 생명을 안고 살아가는
겸손의 사람입니다

설화

가지 끝에 머물다
꽃을 피웠다
푸른 하늘에 꽃들의 미소가 가득하다
순백은 꽃은
별빛으로 꽃잎을 키워가며
서로를 보듬다
꽃잎을 녹여 온몸을 물들인다
흔들리는 마음
풍경소리가 되어
온 산을 휘감아 돈다

그해 겨울
그대 닮은 하얀 꽃들이
가슴에 피어난다

자기만족

열여섯 소녀가 학교를 마치고
꽃다발을 안고 집으로 왔습니다

예쁜 꽃이어서 물었더니
꽃들의 이름과 가격을 얘기해 주면서
한 달 용돈의 삼분의 일을 들여
'자기만족'을 위해 자신에게 꽃을 선물했다며
꽃다발을 안고 방으로 들어가는
소녀의 뒷모습을 바라보며
살아온 날들 속에 인색했던 나에게 미안하고
장미꽃 한 송이 선물해 주지 못한 내가
초라해 보였습니다

채 피기도 전에
잘려나간 아픔이 가시기도 전에
미안하다는 인사도 없이
누군가를 위해 향기를 품고
피어오르다 무너져갈

꽃들의 마음을 아는지 모르는지
소녀는 꽃을 보며 자기만족의 시간을 걷겠지요

'자기만족'이라는 말과 함께
입가에 미소를 지으며 꽃을 선물할 수 있음은
자신을 향한 마음의 창을 열어놓을 수 있었기에
자신을 만족시킬 수 있는 삶을
살아가고 있는 것은 아닐까요

가끔은
지금까지 함께 살아온 자신에게
내 곁에 머물러줘서 고맙다는
때에 맞는 온기 있는 말과 함께
향기 가득한 꽃을 선물할 수 있는
자기만족의 삶을 살아갈 수 있기를

바람

스쳐갈 뿐 흔적을 남기지 않는
자유로운 영혼처럼
우리 중 누가 바람의 방향을 알 수 있을까요
칼바람으로
부드러운 속삭임으로 다가오는 바람은
천국의 틈새로 흘러나오는 연주인지도 모릅니다

가거나 머물러있거나 서성거림은
바람의 선택인 것처럼
가끔 비를 몰고 온 태풍처럼 충동적인 선택을 하고
향(香)을 버린 마른 잎처럼 흔적만 남겨놓습니다

고요를 품은 잔잔한 바다를 사랑하듯
거센 파도를 그리워하며
생각에 갇힌 젊은 날들의 꿈들을 깨워
바람 속에 마음을 풀어놓습니다

바람이 나를 향해 휘몰아칠 때
견뎌내기보다는 바람에 몸을 맡기며

자신의 향기를 품고 살아갈 수 있다면
바람까지도 어루만질 수 있는
여유를 안고 살아갈 수 있지 않을까요

나에게 불어오는 모든 것
바람처럼 떠나보내야 하고
바람처럼 떠나야 한다는 걸 알아
봉인된 기억 속에 접어두었던 날개를 풀어
미래를 축복하듯 과거를 축복할 수 있기를
그대의 영혼에 기쁨이 가득하기를

오늘 내 사랑이 채워지지 않더라도
넉넉함으로 그대를 사랑하고
세상을 축복할 수 있기를

나무

헤르만 헤세는
나무에 대해 이렇게 표현합니다

"나무는 내게 언제나 사무치는 설교자였다
나무와 이야기할 줄 아는 사람,
나무에 귀 기울일 줄 아는 사람은 진리를 경험한다
나무는 교훈이나 비결을 설교하지 않는다
삶의 가장 근원적인 법칙을 노래할 뿐이다"

시리도록 아려오는 아픔도
세월 속에 영글어가듯
혹독한 추위에도 성장을 멈추지 않는 나무는
겨울이 오기 전에 입었던 옷을 벗을 수 있음은
뿌리로부터 수분과 양분을 끌어올릴 수 있게
얻었던 것을 돌려주기 위한 배려였기에
뿌리는 자신을 내어준 가지들의 희생을 안고
봄바람에 꽃잎을 피워 올려
세상을 미소 짓게 합니다

하늘을 향해, 빛을 향해
위로만 뻗어가는 나무와
땅속 깊은 곳으로 뿌리를 내리며
서로 다르게 성장하는 나무는
숲을 이루고
숲은 생명을 키워갑니다

류시화 시인의 「나무의 시」의 한 소절을 읽습니다
"나무에 대한 시를 쓰려면
먼저 눈을 감고 나무가 되어야지.
너의 전 생애가 나무처럼 흔들려야지…"

뿌리는 나무에 양분을 공급하고
나무는 잎이 만든 영양분을 내어주는 것처럼
우리를 위해 자신을 내어준
하나님의 사랑과 예수님의 희생을 안고
이웃에게 생명의 복음을
흘려보낼 수 있어야 하지 않을까요
이것이 사랑의 본질이기에

이청득심(以聽得心)

흘려보내면 그만인 것을
온몸으로 받아준 풀잎 위로 애기꽃이 가득합니다.
담을 수 없는 하늘의 숨결을 담아낸 자리에
방울방울 꽃이 피었습니다

이청득심(以聽得心)
"귀를 기울이면 사람의 마음을 얻을 수 있다"

열 길 물속은 알아도
한 길 사람 속은 헤아리기 어렵다는데
귀를 기울이면 사람의 마음을 얻을 수 있을까요

귀를 기울인다는 것은
있는 그대로의 모습까지 가슴으로 안겠다는 것
어떤 말을 해도
산처럼 들어주고 메아리가 되어주는 것
함께할 수 있음에
사랑 가득한 기쁨을 느끼는 것
또 무엇이 있을까요

하고 싶은 말 많아도 말을 아끼는 것

그럴 수 있을까요
나를 가장 잘 아는 사람이
나라고 단언할 수도 있지만
어떨 땐 타인이 나를 더 잘 아는 경우가 있기에
듣기는 속히 하고 말하기는 더디 하며
온유한 마음으로 다가설 수 있다면
사람의 마음을 얻고
하나님의 마음도 얻을 수 있지 않을까요?

경청은 귀로 듣는 것을 넘어서서
눈으로, 마음으로
미소와 눈물로 다가서는 것이기에
한 걸음 물러서서 그를 향해 온 맘을 열어놓는 것입니다

사랑 여기 있으니

"태초에 하나님이 천지를 창조하시니라"
이보다 더 고귀하고
위대한 문장이 있을까요
천지를 창조하신 하나님은 사랑하는 사람을 위해
에덴동산을 만드셨을 때
그때의 마음은 어떠하셨을까요

흙으로 사람을 빚으실 때
자신 닮은 모습으로 빚으시고
'내가 너와 영원히 함께할 거야'
귓가에 속삭이며 생기를 불어넣었을 때
생명체가 되어 눈을 뜨게 되고
그의 눈은 하나님을 바라봅니다

사람, 참 아름다운 이름입니다
사람은 하나님과 동행할 때
사람다움을 품고 살아갈 수 있습니다.
사람과 하나님 그리고 숲이 하나 되는 곳
에덴동산
그곳에서 '자신이 창조주의 전부'라는 얘기를 듣습니다

연극이 끝나면

연극이 끝나면 환한 조명이 켜지고
잔잔하게 흐르는 음악 속에
사람들은 저마다의 감동을 안고 돌아갑니다
남아 있는 건 텅 빈 무대와 빈 의자
그리고 다시 연극을 시작할 수 있도록
또 다른 무대가 준비됩니다

한 해가 눈처럼 쌓이다 보면
서른이 되고 마흔이 되고 예순을 넘어서서 일흔이 되듯
모두에게 똑같은 한 해 삼백육십오 일이지만
나이가 들수록 시간이 더 빨리 간다는 얘기는
그만큼 소중하게 보냈기 때문일 겁니다

활짝 핀 꽃보다 반쯤 핀 꽃이 아름답듯
절정의 아름다움보다 더 아름다운 건
절정으로 가는 과정이 아닐까요
어린 시절의 하루는 길기만 한데
청춘은 지날 것 같지 않은데
시간은 강물처럼 흐르고

끝나지 않을 것 같은 연극이 끝나는 것처럼
누가, 숨 가쁘게 달려온 자신에게
한 편의 아름다운 시로 격려해 줄 수 있을까요?

기쁨은 기쁨에서 나왔습니다.
세상이 주는 모든 것들은 외부에서 오는 것들이기에
기쁨이 아닌 자극이 되어
내 안에 있는 기쁨을 빼앗아 가지만
하나님은 누구에게도 어떤 상황에서도
세상이 줄 수 없는 기쁨의 씨앗을 마음에 심겨주셨습니다

외부로부터 오는 자극에 빼앗겼던 마음을 내려놓고
세상이 줄 수 없는 기쁨을 안고
아직 내 앞에 남아있는 시간들을
감사함으로 안을 수 있다면
우리가 걸었던 그 길에
기쁨 안은 생명의 꽃이 피어날 것입니다
그리고 또다시 연극이 시작되면 조명은 꺼지고
그대만의 기막힌 연극이 시작될 것입니다

이런 사람 되게 하소서

가까이 볼 수 없어도
아름다운 빛을 발하는 별처럼
먼 곳에서도 아름다운 빛을 발할 수 있는
그런 사람이었으면

낮은 곳에서
자신만의 향기를 뿜어내는 꽃처럼
높은 곳에 마음을 빼앗기지 않고
낮은 곳에 마음을 두는 향기 나는 사람이었으면

많은 것들 소유한 사람이기보다는
주머니에 누군가를 위한 기도가 가득한 사람이 되어
축복을 바라기보다는 축복해 주기를 기뻐하는
마음이 부유한 사람이었으면

잠잠히 드리는
소박한 기도의 언어도 아름답지만
살아가는 날들 속에서
삶의 언어가 더 아름다운 사람이었으면

에필로그

좋은 사진은 어떤 사진일까요?
아름다운 사진이기보다는
행복이 묻어나는 사진이 좋은 사진이 아닐까요?
오래두고 보아도 새록새록 행복이 피어나는 사진
삶에 지치고 힘에 겨울 때
사진 한 장 속에 숨겨진 추억으로
다시 살아갈 희망을 안겨주는 사진 말입니다.

아이의 순수한 표정과 그 속에서 피어나는 꿈들이
멈추지 않고 흐르는 세월의 뒤안길에서
그때의 사진을 바라다보면
억눌렀던 지난 세월의 커다란 아픔까지도
아련한 추억이 되어
그래도 그때가 좋은 시절이었다고 눈도장을 찍으며
그렇게 멈춰진 시간 속의 기억들을 붙잡으려 사진을 찍습니다.

살아가다 보면
순간의 삶이 너무도 아름다워 시간이 멈춰지길 원하지만
시간은 기다려주지 않는 세월의 강이 되어
추억마저도 강물에 실려 떠내려간다는 것이
마음을 슬프게 합니다.

잔잔한 호수에 돌 하나 던져놓고
봄은 겨울에게
말 없는 이별을 건네는 눈이 부시도록 푸르른 날
내 기억속의 아이에게 잘 살아주었다고 미소를 건넵니다.
가끔 지난 추억이 그리워
사진 속으로 여행을 떠나 한참을 머물다
아련한 미소를 머금으며 다시 살아가듯
우리의 삶도 아름다운 사진으로 남을 수 있게
오늘의 시간들을 곱게 물들일 수 있다면
아픔과 상처까지도 넉넉함으로 보듬으며
감사의 삶을 펼쳐갈 수 있겠지요.

한 장의 사진이 삶이 되고 시가 되어 내 안에 머물듯
나에게 허락하신 오늘 하루를 행복으로 열어가는 시간 속에
하루가 한 달이 되고 1년이 되고 10년이 되어
평생으로 이어지는 삶이 눈부신 삶이 아닐까요?

붙잡지 않으면 연기처럼 사라지는 세월 속에서
그대와 함께했던 순간들이
사랑 때문에 피어나는 꽃이 되기를 두 손 모아 기도합니다.

살다가 문득 그리운 날에
ⓒ 유수영

1판 1쇄	2023년 3월 10일
1판 2쇄	2023년 5월 30일

지은이	유수영
발행인	조애신
책임편집	이소연
디자인	임은미
마케팅	전필영, 권희정
경영지원	전두표

발행처	도서출판 토기장이
주소	서울시 마포구 동교로 71-1 신광빌딩 2F
출판등록	1998년 5월 29일 제1998-000070호
전화	02-3143-0400
팩스	0505-300-0646
이메일	tletter77@naver.com
인스타그램	togijangi_books_

ISBN	978-89-7782-490-4

• 이 책은 저작권 법에 따라 보호를 받는 저작물이므로 무단 전재와 무단 복제를 금합니다.
• 이 책의 전부 또는 일부를 이용하려면 반드시 저자와 도서출판 토기장이의 동의를 받아야 합니다.

도서출판 토기장이는 생명 있는 책만 만듭니다.
"우리는 진흙이요 주는 토기장이시니 우리는 다 주의 손으로 지으신 것이니이다" (이사야 64:8)